Au fond de la foret, c'etait une belle journee et Emma l'ecureuil etait extremement heureuse.

It was a beautiful day deep in the woods and Emma the squirrel couldn't be happier.

Elle sortit de sa cabane, dans l'arbre, pour une promenade.

She went out of her tree house and took a stroll.

Tout etait si beau et les couleurs de la foret si eclatantes qu'elle ne se rendit meme pas compte ou elle se dirigeait.

The colors of the forest were so pretty, she didn't even notice where she was going.

Apres avoir marche pendant un certain temps, elle remarqua qu'elle n'avait aucune idee de l'endroit ou elle se trouvait. Elle avait beau regarder d'un cote ou de l'autre, elle ne reconnaissait rien autour d'elle.

After walking for so long, Emma had no idea where she was. No matter where she turned and how much she tried to go back, she didn't recognize anything around her.

Soudain, elle vit une petite souris.

"Hi, little mouse." She said to a tiny, white mouse she saw.

"Bonjour, petite souris, peux-tu me dire ou je suis ?" a-t-elle demande

"Hi. Can you please tell me where am I?"

« Non, je dois aller quelque part rapidement », repond-elle de sa petite voix amere

"Not now, sugar, I got places to be!" He said with a deep, raspy voice.

Emma continua son chemin et vit un oiseau dans un arbre.

Emma walked around some more and saw a little bird up on a tree.

"Bonjour, petit ecureuil. Dis-moi, ou vas-tu ?", demanda l'oiseau. "Bonjour, je crois que..."

"Hi, little squirrel." She said, "Where are you going?" "Hi, I think I'm—"

L'oiseau l'interrompu : "Je me prepare a aller vers le sud. "Alors vous connaissez le chemin", dit Emma.

"I'm preparing to go south." The bird interrupted her. "Oh... okay. Do you know the way—", Emma said.

Mais alors qu'une volee d'oiseaux passait, l'oiseau s'envola : "Adieu, ecureuil, je dois partir", dit-il.

"Oh, look! There are all my friends! Okay, bye now, squirrel, I have to go!" The bird said and flew away.

Emma n'avait pas d'autre choix que de continuer a marcher parce que personne ne voulait l'aider.

Emma walked and asked around for a bit, but nobody wanted to help her.

"Je ne trouverai jamais le chemin de la maison", se lamentait le pauvre ecureuil.

"Uh, I'll never find my way back home." Emma lost all hope.

"Bonjour, petit ecureuil", elle entendit une voix forte et grave.

Hi, little squirrel!" She heard a deep and loud voice.

Quand elle se retourna, elle realisa que c'etait un enorme loup.

When she turned around, she saw a big, scary wolf.

Emma avait tellement peur qu'elle couru et se cacha derriere un arbre.

She was afraid and quickly hid behind a tree.

"Ne cours pas, je ne te ferai pas de mal", dit le loup. "J'ai entendu dire que tu etais perdue et je voudrais t'aider. Je connais la foret comme ma poche.

"Don't run, I'm not going to hurt you." The wolf said. "I heard you were lost. I'd like to help. I know the forest like the back of my big paw."

"Vraiment ?" demanda l'ecureuil effrayee, en regardant au travers des branches.

"Really?" Emma slowly poked her head out from behind the tree.

"Bien sur. Je n'ai rien de mieux a faire. Tout le monde a peur de moi et je n'ai personne avec qui jouer."

"Sure. Not like I have anything better to do. Everyone's scared of me and I have no one to play with."

"C'est trop triste. Je suis desolee, parce que vous avez vraiment l'air d'un bon animal, Monsieur le Loup.

"Oh, that's too bad, because you seem like a very nice animal." Emma said.

"Merci beaucoup, doux petit ecureuil. Je m'appelle Eddie", dit le grand loup.

"Thank you for saying that. My name is Eddie." The wolf said.

Elle sortit alors de sa cachette derriere l'arbre et commenca avec Eddie un long voyage a travers la foret pour retourner a sa maison.

"Hi, Eddie. I'm Emma." She said and they started on their long journey back to Emma's house.

En marchant, elle se rendit compte que le grand loup lui ressemblait beaucoup. Il etait gentil, mais il etait seul et n'avait pas d'amis.

On the way, Emma learned that Eddie was much like her, nice, lonely and didn't have many friends.

Au bout d'un moment, elle monta sur son dos et les deux retournerent chez Emma.

After a while, she hopped on his back and he found her way back home right away.

Elle lui donna quelque chose a manger et ils devinrent de tres bons amis.

Emma gave him something to eat and they became best friends.

Des lors, l'ecureuil s'est promis de ne plus jamais juger quelqu'un uniquement sur son apparence.
Au lieu de cela, elle ferait l'effort de mieux les connaitre d'abord.

The squirrel promised herself to never judge anyone based on their looks and instead, make
an effort to get to know them better first.